우주랑 사람이 같다고요?!

글 노정임

논픽션 어린이책을 편집하고 기획하는 일을 하고 있어요. 그 동안 기획하고 글을 써서 펴낸 책으로 《꽃이랑 소리로 배우는 훈민정음 ㄱㄴㄷ》, 《개미 100마리 나뭇잎 100장》, 《애벌레가 들려주는 나비 이야기》, 《소금쟁이가 들려주는 물속 생물 이야기》, 《무당벌레가 들려주는 텃밭 이야기》, 《내 방에서 콩나물 농사짓기》, 《우리가 꼭 지켜야 할 벼》, 《우리 학교 텃밭》, 《땅속에 누가 살아?》, 《꿈을 이루는 밥 짓기》, 《과학 시간에 담근 김치》, 《동물이랑 식물이 같다고요?!》, 《식물은 떡잎부터 다르다고요?!》, 《아빠, 받아쓰기가 왜 어렵지?》 등이 있습니다.

그림 안경자

산 좋고 물 맑은 충청북도 청원에서 태어났습니다. 대학교에서 서양화를 공부한 뒤 어린이들에게 그림을 가르쳤어요.
지금은 식물 세밀화와 생태 그림을 그리고 있답니다. 숨어 있는 곤충이나 작은 풀 들을 잘 찾아내서 주위 사람들을 깜짝 놀라게 하지요.
할머니가 되어서도 자연의 아름다움을 그리는 것이 꿈이랍니다. 《풀이 좋아》, 《세밀화로 그린 보리 어린이 풀 도감》, 《찔레 먹고 뿌지직!》, 《동물이랑 소리로 배우는 훈민정음 아야어여》, 《아침에 일어나면 뽀뽀》, 《파브르에게 배우는 식물 이야기》, 《무당벌레가 들려주는 텃밭 이야기》, 《겨울눈이 들려주는 학교 숲 이야기》, 《콩 농사짓는 마을에 가 볼래요?》, 《콩이네 유치원 텃밭》, 《동물이랑 식물이 같다고요?!》, 《동물은 뼈부터 다르다고요?!》 등에 그림을 그렸습니다.

감수 이정모

연세대학교 생화학과를 졸업하고, 같은 학교 대학원에서 석사 학위를 받았습니다. 독일 본대학교 화학과에서 '곤충과 식물의 커뮤니케이션'에 관한 연구를 했으며, 안양대학교 교양학부 교수로 일했습니다. 옮긴 책으로 《인간 이력서》, 《인간, 우리는 누구인가?》, 《매드 사이언스북》, 《제이크의 뼈 박물관》 등이 있으며, 글을 써서 펴낸 책으로는 《달력과 권력》, 《공생, 멸종, 진화》, 《저도 과학은 어렵습니다만》, 《유전자에 특허를 내겠다고?》, 《과학자와 떠나는 마다가스카르 여행》 등이 있습니다. 서울 서대문자연사박물관장을 거쳐 현재 서울시립과학관장으로 재직 중이며, 강연 등을 통해 어린이들을 직접 만나 과학에 대한 이야기를 들려주는 일도 즐겁게 하고 있습니다.

우주랑 사람이 같다고요?! 비교하며 배우는 화학의 기초

초판 1쇄 발행 | 2018년 2월 5일

글쓴이 | 노정임
그린이 | 안경자
감수자 | 이정모
펴낸이 | 조미현

책임편집 | 황정원
디자인 | 토가 김선태

펴낸곳 | (주)현암사
등록 | 1951년 12월 24일 · 제10-126호
주소 | 04029 서울시 마포구 동교로12안길 35
전화 | 02-365-5051 · 팩스 | 02-313-2729
전자우편 | child@hyeonamsa.com
홈페이지 | www.hyeonamsa.com
페이스북 | www.facebook.com/hyeonami
블로그 | blog.naver.com/hyeonamsa

ⓒ 노정임, 안경자, 2018

ISBN 978-89-323-7462-8 73430

* 이 도서의 국립중앙도서관 출판예정도서목록(CIP)은 서지정보유통지원시스템
홈페이지(http://seoji.nl.go.kr)와 국가자료공동목록시스템(http://www.nl.go.kr/kolisnet)에서
이용하실 수 있습니다. (CIP제어번호: CIP2018001471)
* 이 책은 저작권법에 따라 보호를 받는 저작물이므로 저작권자와 출판사의 허락 없이
이 책의 내용을 복제하거나 다른 용도로 쓸 수 없습니다.
* 책값은 뒤표지에 있습니다. 잘못된 책은 바꾸어 드립니다.
* 현암주니어는 (주)현암사의 아동 브랜드입니다.

제품명 도서	전화 02-365-5051
제조년월 2018년 2월	제조국명 대한민국
제조자명 (주)현암사	사용연령 8세 이상
주소 서울시 마포구 동교로12안길 35	

주의: 책 모서리에 부딪히거나 종이에 베이지 않도록 주의해 주세요.
· KC 마크는 이 제품이 공동안전기준에 적합하였음을 의미합니다.

비교하며 배우는 화학의 기초

우주랑 사람이 같다고요?!

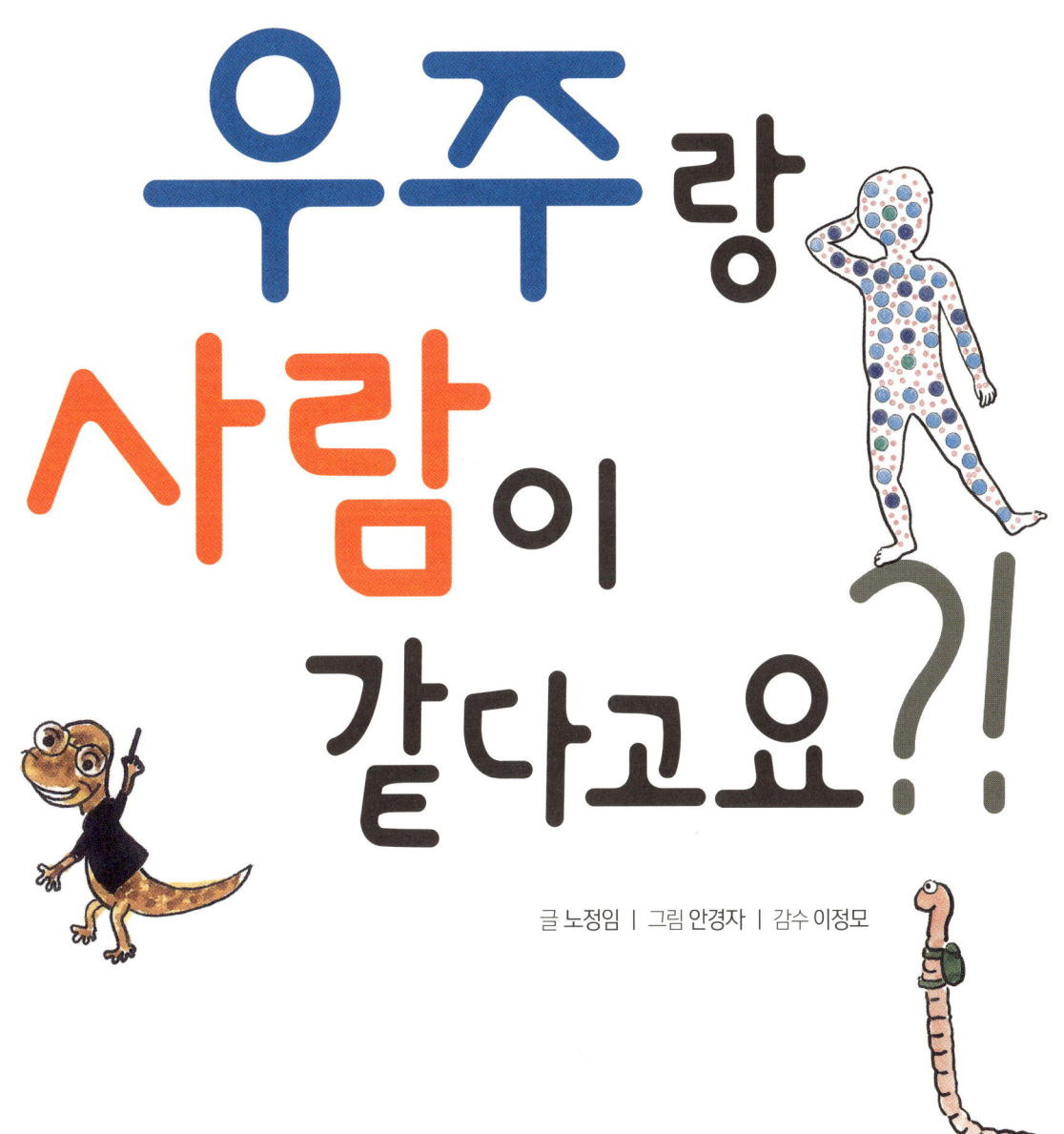

글 노정임 | 그림 안경자 | 감수 이정모

현암 주니어

호기심 많은 지렁이가
책을 읽고 있어요.
어떤 책을 읽고 있을까요?

신기하게 생겼어요.

〈동물〉 책은 다 읽었고,
이제 〈사람〉 책을 읽을 거야.

지렁이는 〈사람〉 책을 쓴
'사람 선생님'을 만나고 싶었어요.
그래서 도롱뇽 선생과 함께
마을로 찾아갔어요.
사람들은 마을을 이루고
모여 산대요.

안녕하세요!

사람들이 만든 지하철을 타고
다시 버스를 갈아타고,
박물관으로 찾아갔어요.
〈사람〉 책을 쓴 사람 선생님은
아파트 옆에 있는 박물관에서
일하고 있대요.

"반갑습니다. 어서 오세요."
사람 선생님은 지렁이와 도롱뇽 선생을
반갑게 맞아 주었어요.
"질문하는 지렁이, 책 읽는 도롱뇽.
정말 멋져요."

다시 봐도 사람은 신기하게 생겼어.

사람을 처음 본 지렁이는 반가운 마음에
사람에 대해 아는 것을 이야기했어요.
"사람은 몸속에 뼈가 있지요? 사람은 1종이라면서요?"
질문하는 지렁이는 호기심이 더 생겼어요.
"사람에 대해 더 알고 싶어요!"

큰일 났네.
어린이들처럼 지렁이도
아는 게 참 많단 말이야.
무얼 더 알려 주나…….

사람은 도롱뇽과 같은 척추동물이에요.
지렁이는 땅속에, 도롱뇽은 물에, 사람은 땅 위에 살지요.

지렁이는 뼈가 없어요. 사람보다 종이 다양해요.
지렁이는 약 3500종이 있지요.

그래도
사람이 가장 신기해.
복잡하게 생겼어.

사람들이 사는 마을은
점점 복잡해지고 있더군요.
돌, 나무, 철 등
여러 재료가 아주 복잡하게
섞여 있고요.

 질문하는 지렁이도 책 읽는 도롱뇽도
사람이라는 동물을 이미 잘 알고 있네요.
그 정도면 충분하죠.

이게 뭐지?

쓱!

멋진 친구들에게
호기심을 더할 수 있는 이야기 하나 더 해 줄게요.

모양은 조금씩 다르지만
모든 동물은
세포로 이루어져 있어요.
지렁이도 도롱뇽도 사람도 말이죠.

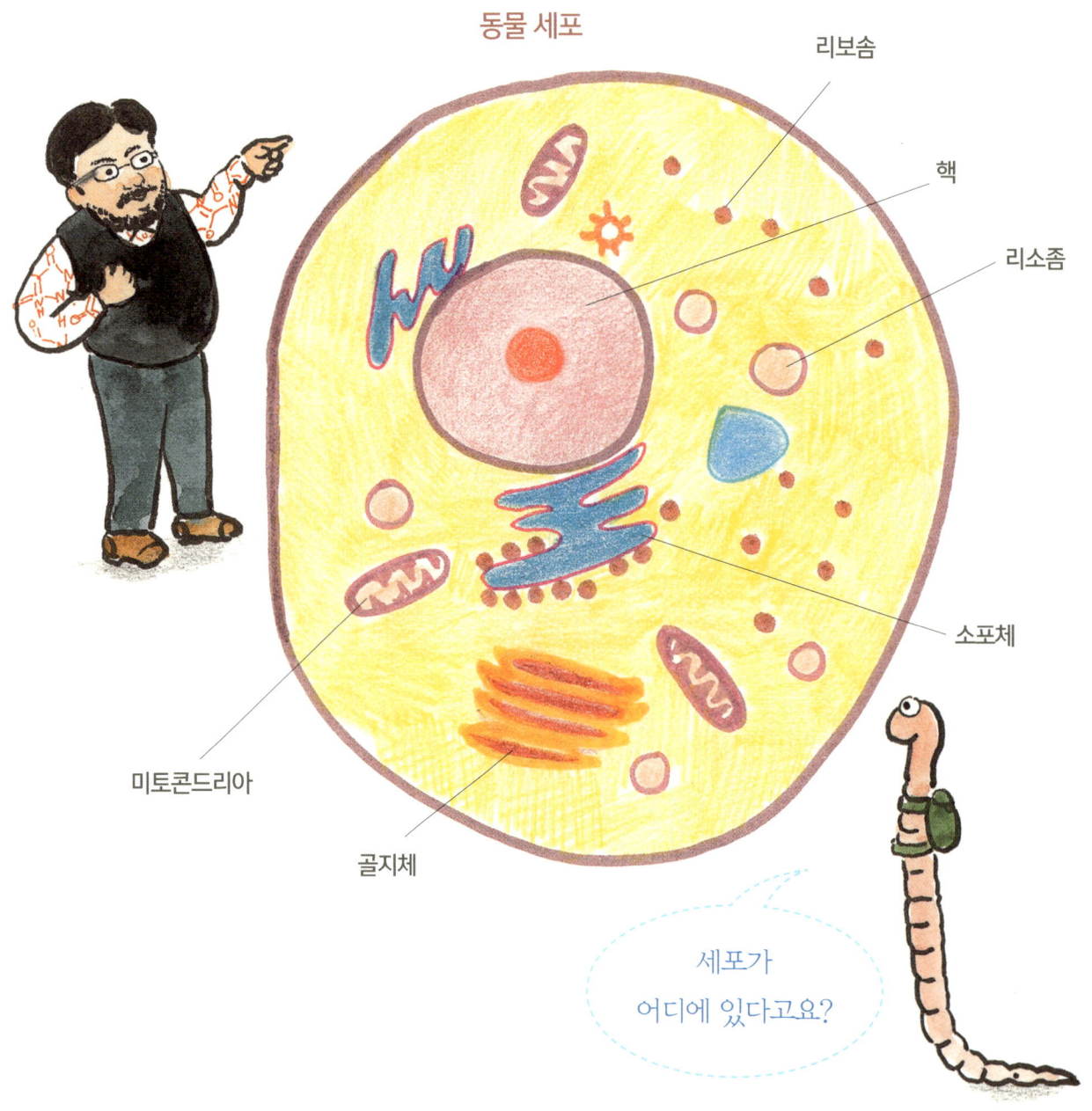

우리 몸이 다 세포예요.
모양은 조금씩 다르지만
모든 동물은 세포가 쌓여서 만들어집니다.
여기까지도 많은 친구들이 알고 있어요.

사람의 다양한 세포들

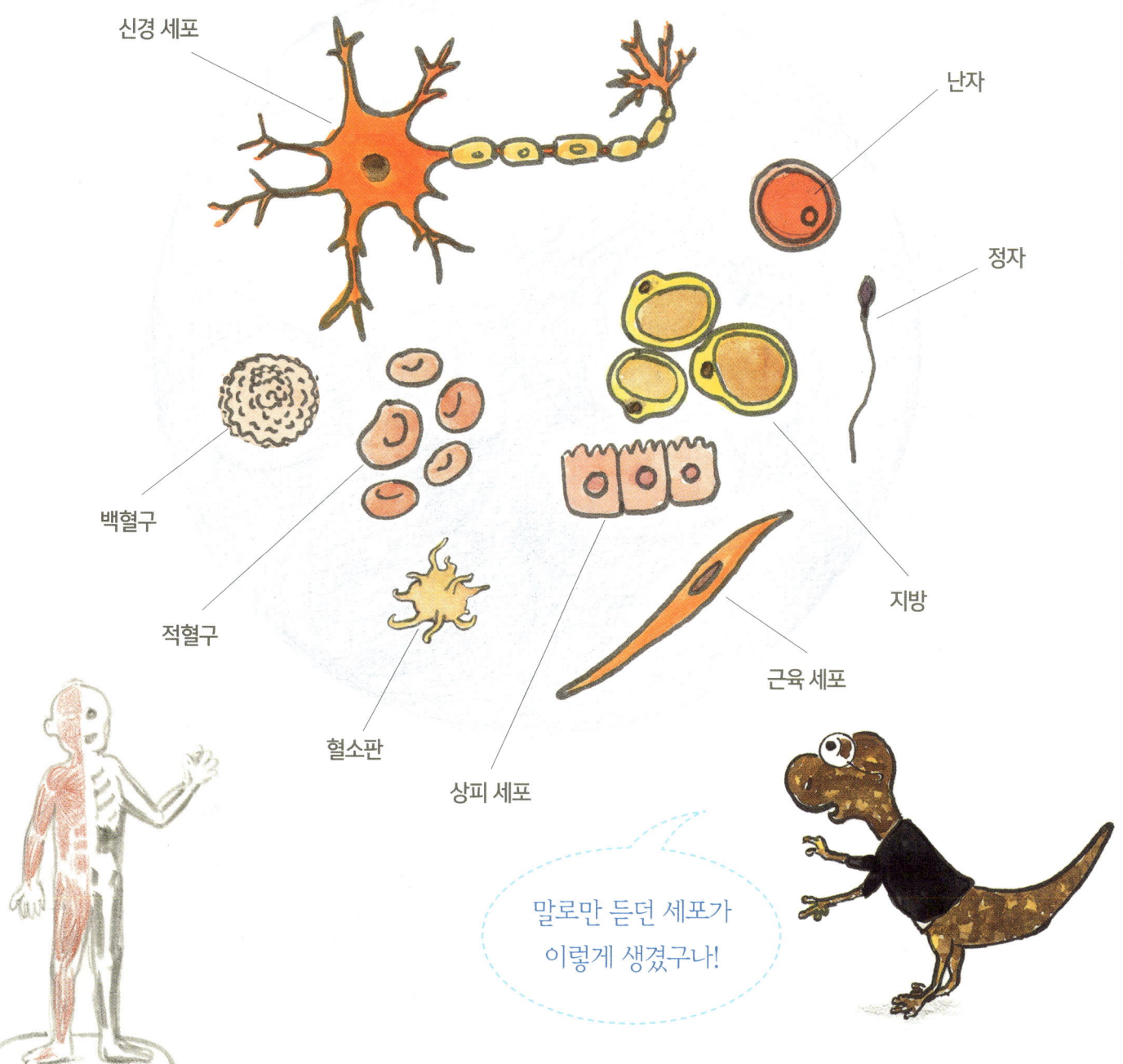

더 나아가 사람의 세포를 이루는
성분도 사람들이 찾아냈어요.
그 작은 성분을 '원소'라고 해요.

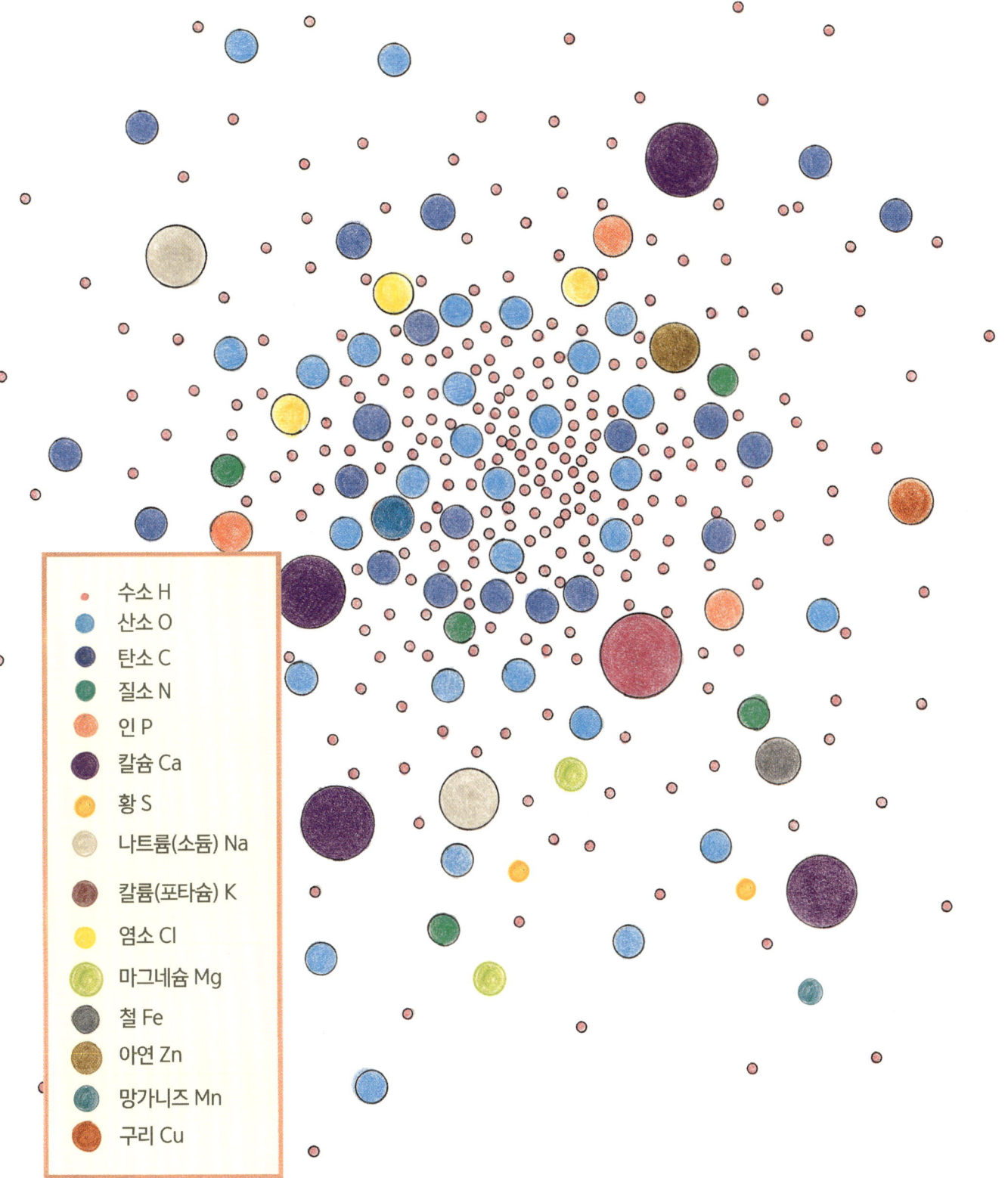

아무래도 사람은 사람에 대해 자세히 연구했어요.
그래서 사람이 어떤 원소로 만들어졌는지
알아냈지요.
사람에게 가장 많은 원소는
수소예요.

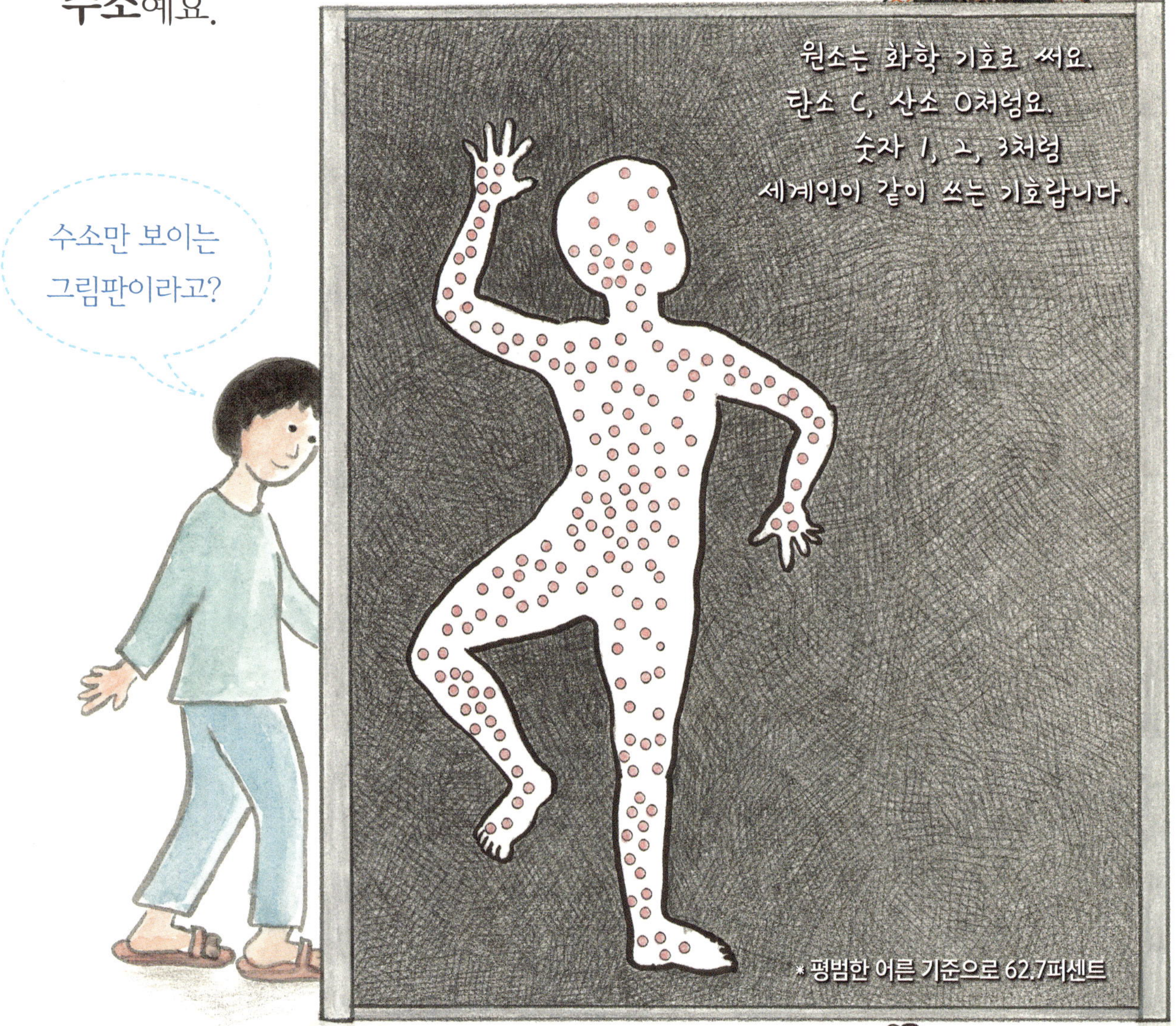

원소는 화학 기호로 써요.
탄소 C, 산소 O처럼요.
숫자 1, 2, 3처럼
세계인이 같이 쓰는 기호랍니다.

수소만 보이는
그림판이라고?

* 평범한 어른 기준으로 62.7퍼센트

사람의 몸속에 가장 많은 원소 수소(H)
사람 몸에서 62.7퍼센트가 수소입니다.
가장 가볍고 작은 원소입니다.

수소 H

재미있는 사실은 우주에서 가장 많은 원소도
수소라는 거예요.
우주에서 맨 먼저 생겨난
원소이기도 하지요.

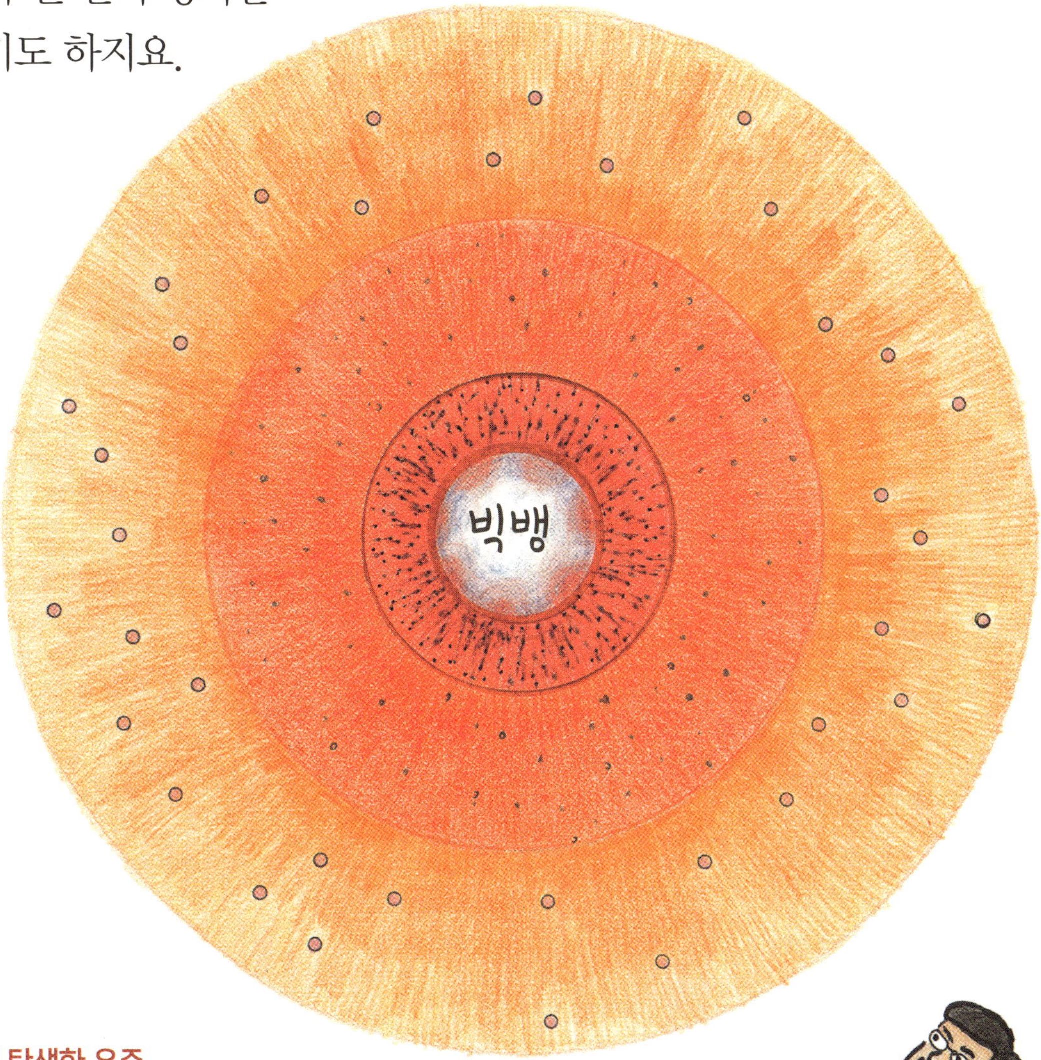

138억 년 전 탄생한 우주
빅뱅 이후 38만 년이 지나서 수소가 생겼어요.
빅뱅으로 우주가 탄생한 뒤에
가장 먼저 생긴 원소입니다.

수소 H

현재 우주의 원소 가운데
75퍼센트가 수소예요.

그다음 사람에게 많은 원소는
산소, 탄소, 질소예요.

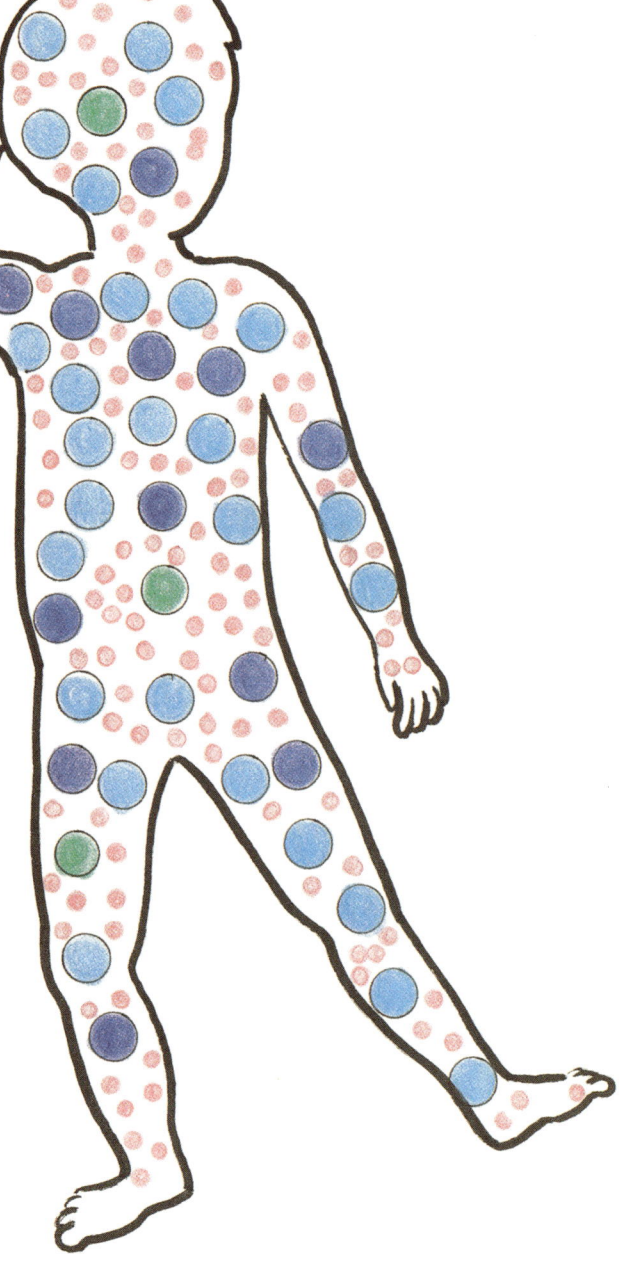

지렁이도 도롱뇽도 사람도
생명체를 이루는 원소에는
탄소(C)가 꼭 들어 있어요.
탄소는 다른 원소들과 잘 결합하죠.
탄소가 여러 원소들을 이어 주는
역할을 해요.

산소 O
탄소 C
질소 N

사람을 이루는 원소의 비율
수소가 약 62.7퍼센트였고요,
산소는 23.8퍼센트, 탄소는 11.8퍼센트,
질소는 약 1.17퍼센트입니다.

우주에서 수소 다음에 생겨난
원소들이지요.

138억 년 동안
우주는 점점 다양해지고
새로워졌어요.

수소가 뭉쳐
태양과 같은 별이 되었고,
산소, 탄소, 질소는 태양과 같은 별에서
생기는 원소랍니다.

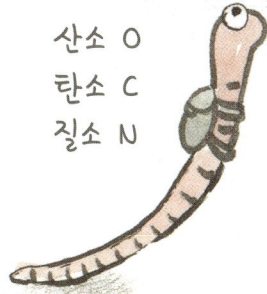

산소 O
탄소 C
질소 N

우주를 이루는 원소의 비율
수소 75퍼센트, 헬륨 23퍼센트이고요,
나머지 2퍼센트 안에 산소, 탄소, 질소 등이 있어요.

사람을 이루는 원소는 훨씬 많아요.
적은 양이 필요하지만 없어서는 안 되죠.
작지만 중요한 원소들을 볼까요?

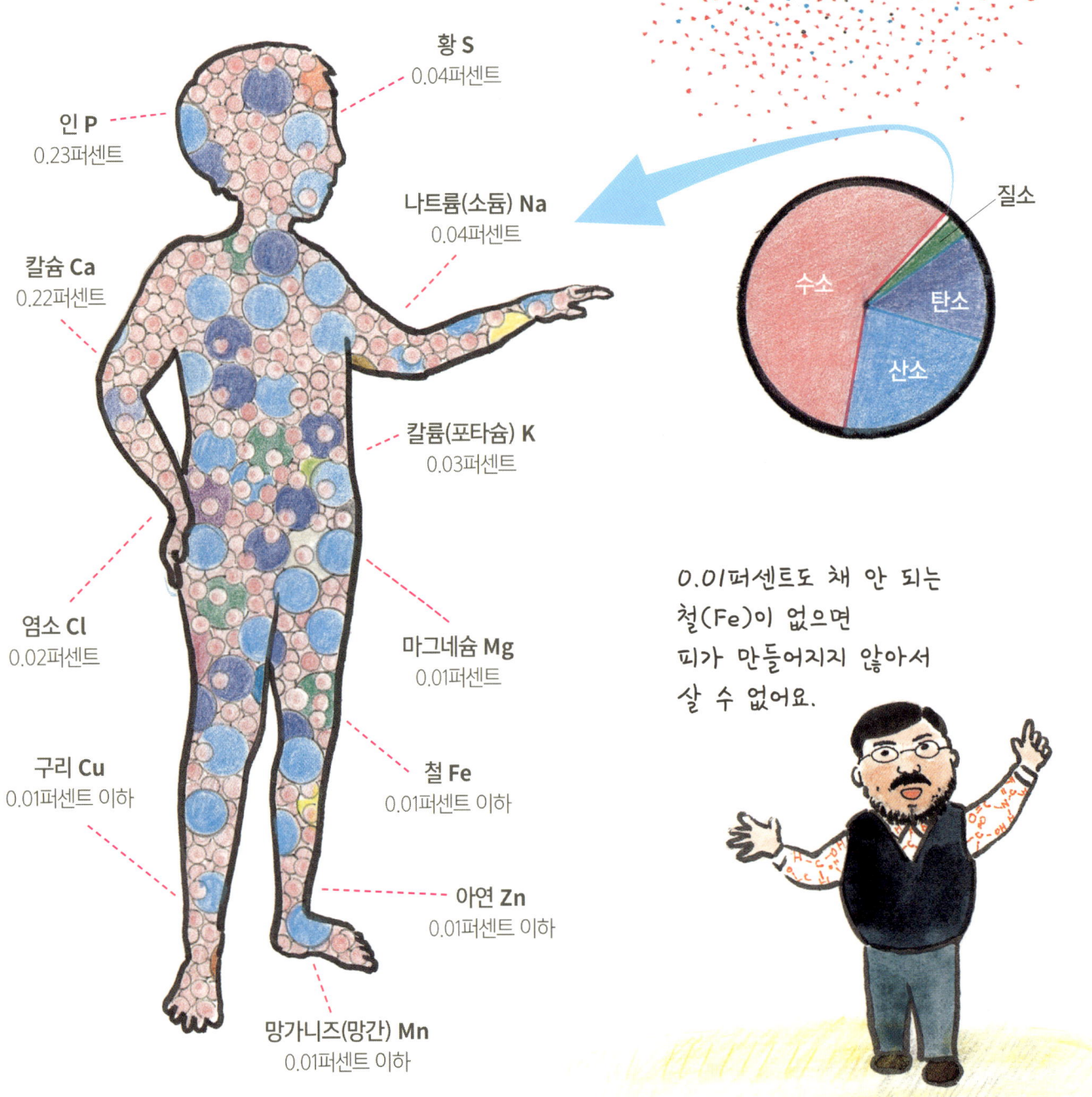

황 S
0.04퍼센트

인 P
0.23퍼센트

나트륨(소듐) Na
0.04퍼센트

칼슘 Ca
0.22퍼센트

칼륨(포타슘) K
0.03퍼센트

염소 Cl
0.02퍼센트

마그네슘 Mg
0.01퍼센트

구리 Cu
0.01퍼센트 이하

철 Fe
0.01퍼센트 이하

아연 Zn
0.01퍼센트 이하

망가니즈(망간) Mn
0.01퍼센트 이하

질소
수소
탄소
산소

0.01퍼센트도 채 안 되는
철(Fe)이 없으면
피가 만들어지지 않아서
살 수 없어요.

질문하는 지렁이, 책 읽는 도롱뇽은
점점 더 궁금해졌어요.
"우주를 이루는 원소를
사람들은 어떻게 알아냈어요?"

갈릴레이가 만든
망원경

사람 선생님이 말했어요.
"사람들은 지구에 생겨난 이후
계속 하늘을 관찰했어요.
그리고 하늘을 관찰하는
기구도 만들고
계속 발전시켜 왔어요."

오늘날 사람들이 쓰고 있는 천체 망원경

우주선과 인공위성도 만들었대.

"사람을 이루는 원소도요?"
"그렇죠.
오랫동안 관찰하고 기록해 왔어요.
하루아침에 한 사람이 이룬 일이 아니에요."

로버트 훅이 만든
현미경

질문하는 지렁이와 책 읽는 도롱뇽은
고개를 끄덕였어요.
사람들은 지금 아주 먼 우주도
계산할 수 있게 되었고,
아주 작은 몸속 세포와 원소도 알아냈어요.

오늘날 사람들이
쓰고 있는
전자 현미경

사람들이 밝혀낸 우주를 알고 보니
더욱 아름답게 보였어요.
"지금도 사람들은 사람과 우주를 관찰하고 있나요?"
"그럼요. 아직 다 알아내지 못했어요.
지금도 사람들은 새로운 발견을 하고 있고,
앞으로도 계속할 거예요."

더 알아 두면 좋은 지식

우주와 생명을 이루는 원소는 같아요

사람들은 언제나 하늘을 보며 살았어요. 선사 시대에도 하루를 시작하고 잠자리에 들기까지 태양과 달을 보며 시간을 알았고, 날씨나 기후에 따라 생활에 큰 영향이 있기 때문에 하늘을 보는 일은 매우 중요한 일이었어요.

다치거나 아기를 낳는 등 생명과 관련된 일들을 겪으며 사람들은 자신의 몸에 관심을 가졌고, 먹을거리를 얻거나 집과 옷을 지으면서 자연과 아주 밀접하게 살았지요. 또 필요한 물건들을 수없이 만들어 내면서 재료의 성분과 성격을 알아냈어요.

과학이 발전하면서 최근에는 관찰의 도구가 무척 발전했어요. 현재 지구의 과학자들은 아주 작은 세포 속도 들여다보고, 아주아주 먼 천체도 관측하고 있어요. 우주에 있는 92종의 원소도 알아냈고, 그 밖에 실험실에서 새로운 원소도 만들어 냈고요. 현재까지 찾아낸 원소는 118종이에요. 하늘을 관찰하든 생명체를 관찰하든 결국 모든 우주와 생명체는 원소로 이루어져 있다는 것을 알아냈지요.

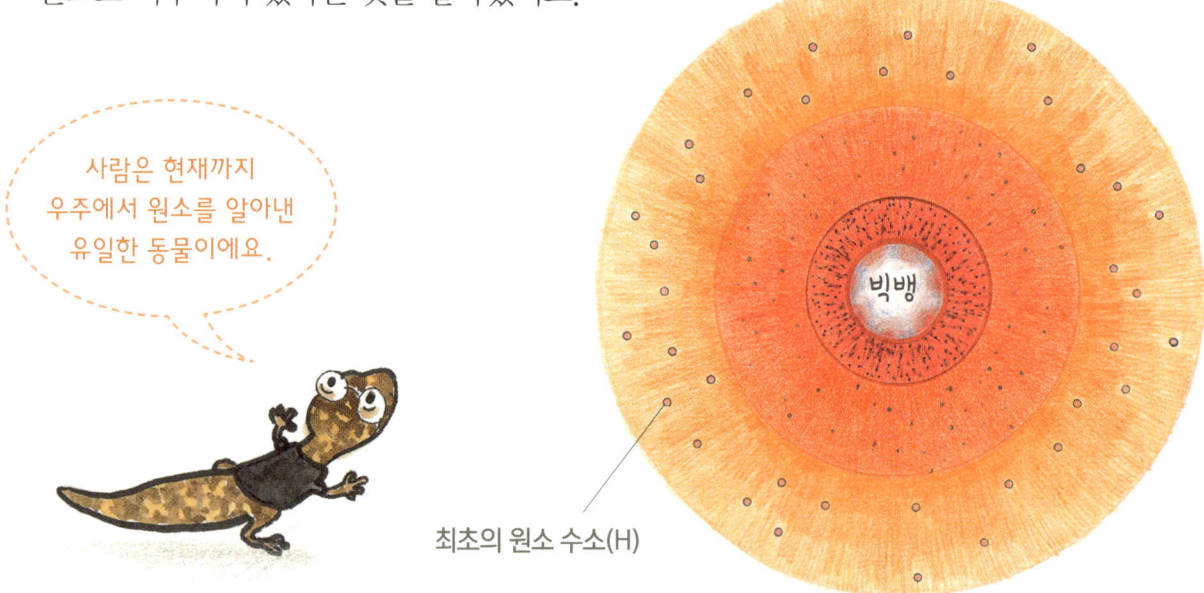

사람은 현재까지 우주에서 원소를 알아낸 유일한 동물이에요.

빅뱅

최초의 원소 수소(H)

■ 현미경과 망원경

현미경과 망원경은 400~500년 전쯤 처음 만들었습니다. 그리고 약 100년 전쯤 원자를 볼 수 있는 전자 현미경을 처음 발명했습니다. 현재 망원경은 몇 광년 떨어진 우주의 별도 관측할 수 있을 만큼 발전했답니다.

별에서 온 원소들

■ 수소(H)부터 철(Fe)까지

태양보다 10배쯤 큰 별들에 폭발하면서 철처럼 무거운 원소가 만들어집니다. 큰 별일수록 많은 원소가 생길 조건이 형성된답니다.

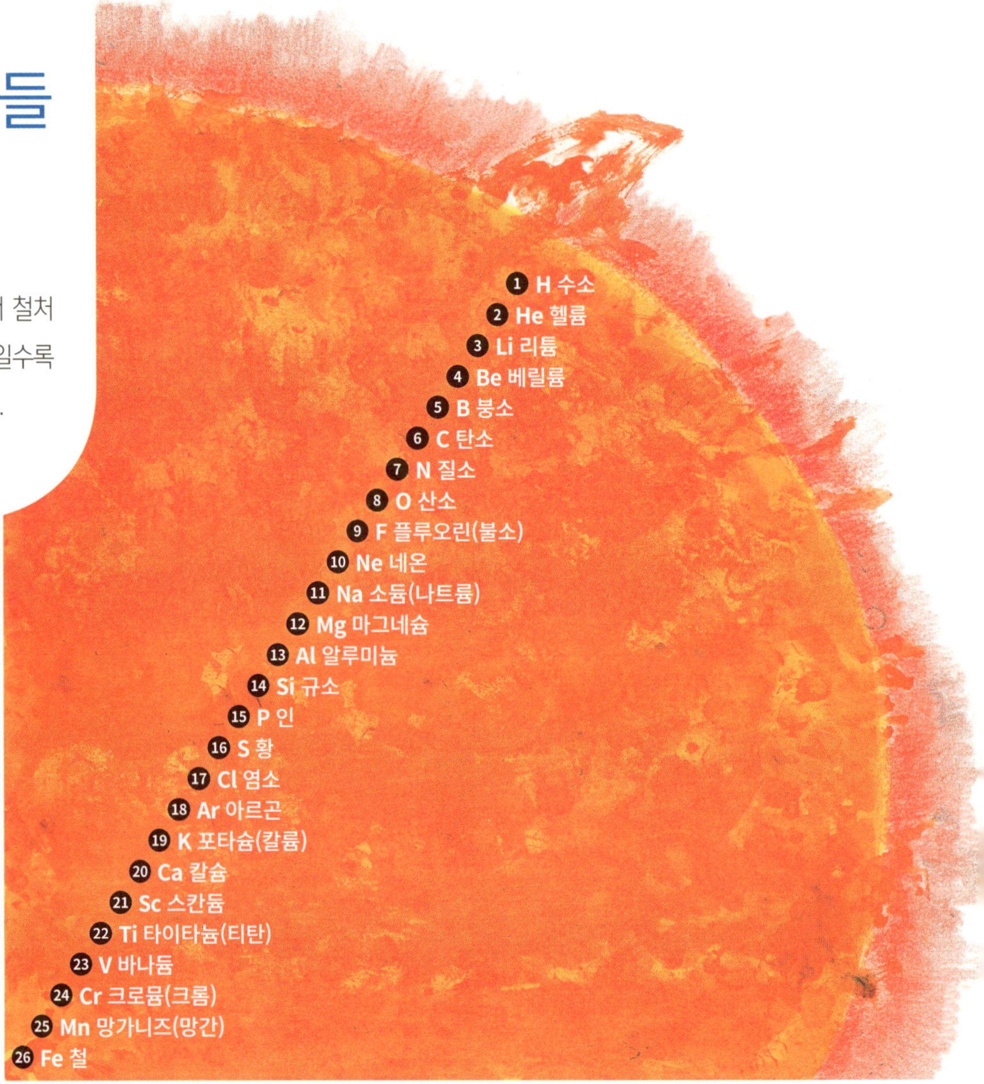

① H 수소
② He 헬륨
③ Li 리튬
④ Be 베릴륨
⑤ B 붕소
⑥ C 탄소
⑦ N 질소
⑧ O 산소
⑨ F 플루오린(불소)
⑩ Ne 네온
⑪ Na 소듐(나트륨)
⑫ Mg 마그네슘
⑬ Al 알루미늄
⑭ Si 규소
⑮ P 인
⑯ S 황
⑰ Cl 염소
⑱ Ar 아르곤
⑲ K 포타슘(칼륨)
⑳ Ca 칼슘
㉑ Sc 스칸듐
㉒ Ti 타이타늄(티탄)
㉓ V 바나듐
㉔ Cr 크로뮴(크롬)
㉕ Mn 망가니즈(망간)
㉖ Fe 철

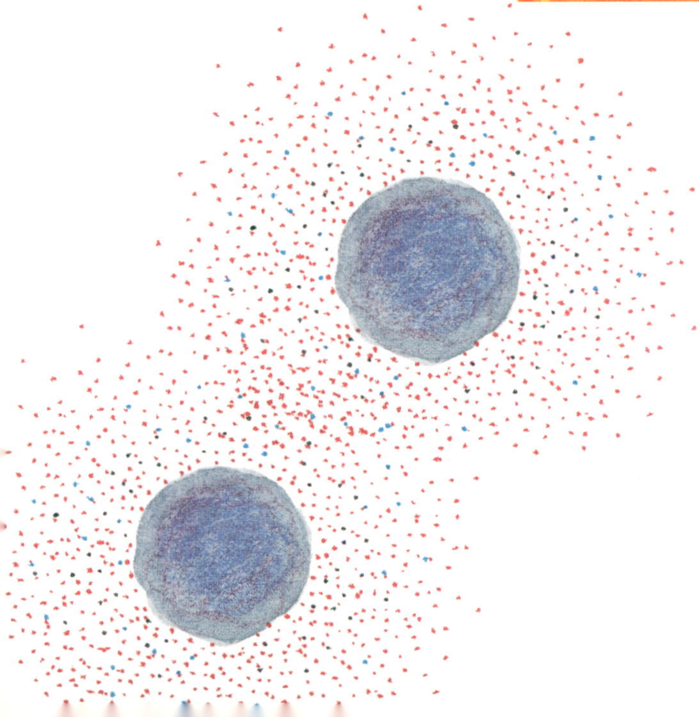

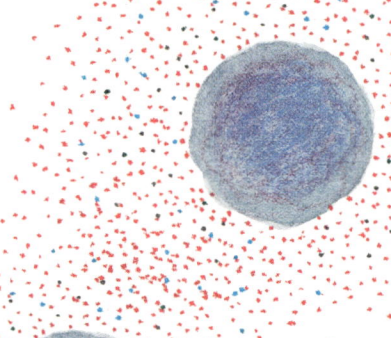

■ 철(Fe)보다 무거운 원소들의 생성

철보다 무거운 원소들은 '중성자별'들이 충돌하고 폭발하면서 생성됩니다. 중성자별은 무척 응집된 작은 별로, 우주에서 밝혀진 별 가운데 가장 밀집도가 높아요. 덩치는 작은데 아주 무겁다는 의미랍니다. 충돌을 하거나 폭발을 하면 더욱 충격이 커져요. 짧은 시간에 어마어마한 에너지가 생기는 거지요. 그때 철보다 무거운 원소들이 생성되어요.

원소가 만들어 낸 다양한 별과 생명

직접 가 보지 않아도 태양의 대기에 어떤 원소들이 있는지, 몇 광년 떨어진 성운에 어떤 원소들과 물질들이 있는지, 원소들의 특징을 알기 때문에 밝혀낼 수 있어요.

생명체 중에서는 아마도 사람을 가장 깊이 있게 연구했을 거예요. 그래서 사람을 이루는 원소가 약 25종이라는 것도 알아냈고, 원소들이 차지하는 비중도 알아냈고, 원소들이 어떤 모양으로 결합되어 있는지도 알아내고 있어요. 하지만 아직 더 알아낼 것이 많답니다.

철보다 무거운 원소가 중성자별의 충돌로 만들어지는 과정은, 이 책을 만들던 2017년에 관측되었어요. 과학자들이 수학적인 예측만 하고 있었는데, 실제로 관찰이 된 거예요. 꾸준히 관찰한 결과랍니다.

새로운 발견을 했을 때에 과학자들은 혼자만 알고 있지 않아요. 지구에 사는 모든 사람들에게 알리지요. 흥미롭고 재미있기 때문이에요. 화학이 어려운 기호로 되어 있고 쉬운 학문은 아니지만, 화학과 원소를 알면 우주와 사람을 이해하기 쉬워지고, 그만큼 생각의 범위가 넓어져요.

어때요, 사람과 우주를 이해하는 눈이 넓어졌나요?
사람들은 또 어떤 발견을 하게 될까요?
함께 관심을 가지고 함께 알아가 봅시다.

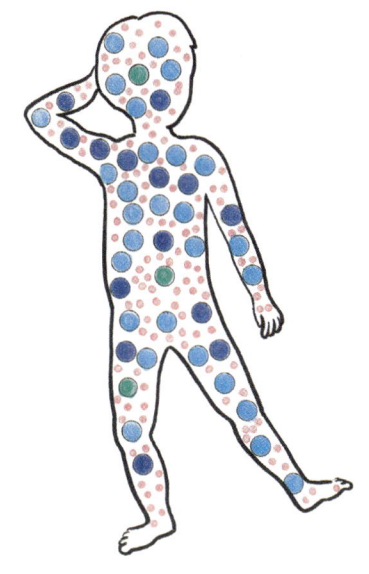

■ 원소 주기율표

원소를 원자 번호(양성자 수)와 성질에 따라 정리한 표입니다.

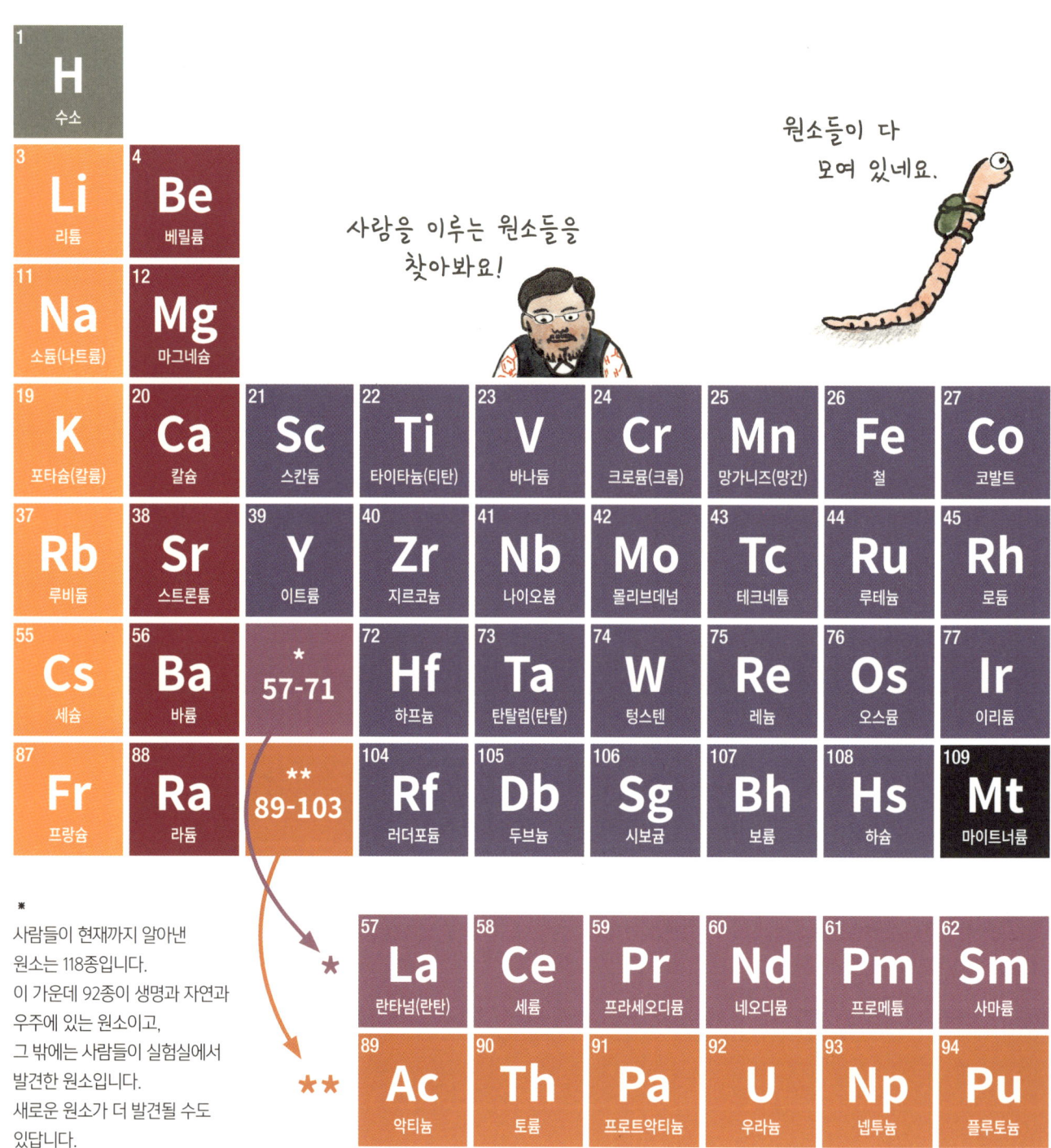

복잡한 사람, 마을, 우주를
간결하게 정리해 놓았군요!

원자 번호 → 2
원소 기호 → He
원소 이름 → 헬륨

| 5 B 붕소 | 6 C 탄소 | 7 N 질소 | 8 O 산소 | 9 F 플루오린(불소) | 10 Ne 네온 |
| 13 Al 알루미늄 | 14 Si 규소 | 15 P 인 | 16 S 황 | 17 Cl 염소 | 18 Ar 아르곤 |

28 Ni 니켈	29 Cu 구리	30 Zn 아연	31 Ga 갈륨	32 Ge 저마늄(게르마늄)	33 As 비소	34 Se 셀레늄(셀렌)	35 Br 브로민(브롬)	36 Kr 크립톤
46 Pd 팔라듐	47 Ag 은	48 Cd 카드뮴	49 In 인듐	50 Sn 주석	51 Sb 안티모니(안티몬)	52 Te 텔루륨(텔루르)	53 I 아이오딘(요오드)	54 Xe 제논(크세논)
78 Pt 백금	79 Au 금	80 Hg 수은	81 Tl 탈륨	82 Pb 납	83 Bi 비스무트	84 Po 폴로늄	85 At 아스타틴	86 Rn 라돈
110 Ds 다름슈타튬	111 Rg 뢴트게늄	112 Cn 코페르니슘	113 Nh 니호늄	114 Fl 플레로븀	115 Mc 모스코븀	116 Lv 리버모륨	117 Ts 테네신	118 Og 오가네손

| 63 Eu 유로퓸 | 64 Gd 가돌리늄 | 65 Tb 터븀 | 66 Dy 디스프로슘 | 67 Ho 홀뮴 | 68 Er 어븀 | 69 Tm 툴륨 | 70 Yb 이터븀 | 71 Lu 루테튬 |
| 95 Am 아메리슘 | 96 Cm 퀴륨 | 97 Bk 버클륨 | 98 Cf 캘리포늄 | 99 Es 아인슈타이늄 | 100 Fm 페르뮴 | 101 Md 멘델레븀 | 102 No 노벨륨 | 103 Lr 로렌슘 |